Vincent Denayer

Carnet de route d'une poussière d'étoile

Vincent Denayer

Carnet de route d'une poussière d'étoile

Éditions Croix du Salut

Imprint
Any brand names and product names mentioned in this book are subject to trademark, brand or patent protection and are trademarks or registered trademarks of their respective holders. The use of brand names, product names, common names, trade names, product descriptions etc. even without a particular marking in this work is in no way to be construed to mean that such names may be regarded as unrestricted in respect of trademark and brand protection legislation and could thus be used by anyone.

Cover image: www.ingimage.com

Publisher:
Éditions Croix du Salut
is a trademark of
International Book Market Service Ltd., member of OmniScriptum Publishing Group
17 Meldrum Street, Beau Bassin 71504, Mauritius

Printed at: see last page
ISBN: 978-613-7-36473-4

A Yeboah Junior et Nicolas Amoh

qui cultivent l'art de susciter la curiosité

Préface

Au siècle passé dernier André Malraux avait pressenti que l'un des plus grands défis du troisième millénaire auquel l'homme serait confronté serait de réintroduire les dieux. Ce ne sera pas une mince affaire!D'autant plus que dépourvu de ses «tentacules inquisitrice»; le troisième millénaire dont le terrain de liberté et de réflexion est sans commune mesure avec l'humanisme renaissant de la Florence des Médicis à pu faire de Dieu si pas l'ennemi public numéro un, un courant de pensées égal à tout autre. La compréhension universelle qui s'est de manière scientifique; depuis des siècles, montrée incontournable n'a rien fait pour arranger les choses.

L'un des plus grands défis parce que Dieu a perdu son statut de figure centrale qui s'inscrit dans la psyché collective depuis l'aube des temps, dont la fonction première est d'être la cause transcendante de chaque événement universel. Dieu n'est plus qu'une succession de stéréotypes qui prennent formeau gré des désirs de domination et de superpuissance d'une humanité avide d'un dieu mister money, à un dieu vengeur, à un dieu concessionnaire.Faut-il pour autant cracher sur la grâce divine? Je ne le pense pas mais de cette conception divine il ne reste qu'un dieu qui n'est plus que l'ombre de lui-même.

Dieu la cause transcendante, cela implique-t-il qu'elle est la finalité de toutes choses? Dieule point central duquel tous rayonne. s'inscrit-il dans une dynamique évolutive, comme une invitation à l'expérience universelle?

Un des plus grands défis, parce que le plus grand défi chrétien: c'est le chrétien! Parce qu'en voulant échapper au cérémonial catholique il doit se réinventer, réinventer son culte, recréer de nouvelles manières de l'organiser, se réinventer au niveau de la doctrine, se réinventer au niveau de son rapport avec la richesse.

Et puis surtout se décomplexer, se façonner une identité du renouveau.

Que de fois n'ai-je entendu: ne cherche pas à comprendre Dieu obéi, ce qui est en contradiction Avec cette soif de renouveau. Ne pas chercher à comprendre Dieu c'est refuser cette nécessaire introspection qui suscite l'éveil à la compréhension de l'âme.

L'obéissance aveugleconduit à l'obscurantisme, à la négation de soi.

L'un des plus grands défis parce que dans ce troisième millénaire des absolues vérités, Dieu a beaucoup de concurrents. Qui s'en plaindra? Pas moi parce que dans ce contexte de grande diversité, se faire l'avocat de Dieu n'en est que plus enrichissant car il m'invite à sortir de ma zone de confort.

Mon travail de réflexion se porte sur trois axes, selon moi cruciaux; qui façonnent le chemin de vie du chrétien.

L'organisation de l'assemblée, le chrétien et

Son difficile rapport à l'argent.

Le troisième point porte sur les différents chemins transcendants. La plus grande des difficultés tiendra dans le fait de me situer en toute objectivité.

***La divine constante*.**

Avant propos.

Aucun courant philosophique ou spirituel n'a pu effacer la barbarie, les injustices ou la perversité de l'esprit. Les grandes théories sur le fonctionnement et l'évolution de l'univers n'ont pas fondamentalement changé la destinée des hommes. Mais la dynamique de la pensée, si elle apporte des éclaircissements et même peut-être des vérités, peut à pas de fourmis affranchir les hommes de leur zones de confort ou d'inconfort.

J'ai pris bien des routes qui m'ont chacune menées vers des ekklesia's, des assemblées; toutes avec leur doctrine particulière des plus petites aux plus grandes qui pour ma part fait souffrir chaque courant transcendant d'une même maladie que je qualifierais de religiosité. Que cela fait passer nombre de croyants à côté du véritable sens du message divin. A maintes reprises j'ai assisté à des cultes dont les prêches où les versets sur lequels elles s'élaborent; «tronqués», servent à alimenter la manipulation des esprits de ceux qui sont en quête de rédemption et de délivrance. Que pourrait-on bien y faire?

Introduction.

Outre les cinq ministères de base que sont l'apostolat, l'évangélisation, le pastorat, le ministère de la prophétie ou le ministère de l'enseignement. Il y adans les assemblées de chrétiens, une foultitude de tâches à accomplir qui sont de l'ordre de la gestion de Celle-ci. Malgré la richesse et la diversité des récits qui composent l'ensemble de la parole divine, il est une constante qui scelle toutes les variantes de la bible; c'est la croix: une projection cruciforme de la parole. Dès le premier chapitre on distingue quatre éléments essentiels à la création de la vie : 1er l'air, 2ème l'eau, 3ème la terre, 4ème le feu mais le point central c'est la vie. Les quatre points essentiels sont stériles sans la volonté divine de créer entre eux une transversalité en y insufflant la vie.

Au chapitre deux de la genèse les éléments vitaux qui constituent l'évolution psychologique, philosophique et spirituelle de l'humanité sont concentrés au centre de la projection fantasmatique qu'est le jardin d'Eden: l'arbre de vie, l'arbre de la connaissance du bien et du mal, il jaillit un élément sans quoi comme cité plus haut la vie ne saurait être: l'eau, un fleuve qui se subdivise en quatre bras qui s'écoule au gré des points cardinaux.

Dans les récits de l'exode le chapitre 25 décrit l'arche de l'alliance. Le chapitre deux du livre des nombres subdivise onze tribus aux quatre points cardinaux et désigne la douzième (les lévites) afin qu'elle se charge de toute la structure du culte de reconnaissance et de la grâce de Dieu.

Le chapitre quarante du livre d'Ezéchiel décrit la vision d'un temple dont les parvis mènerait à un point central, que les quatre issues sont semble-t-il situées à chacun des quatre points cardinaux.

De même l'héritage ne commence qu'à partir du livre des actes des apôtres dans la mesure où les évangiles sont la transition entre l'ancienne et la nouvelle alliance puisque Jésus Christ exerce son ministère alors que les israélites sont encore sous le coup de la loi mosaïque. Évangiles qui se concrétisent par la crucifixion du Christ.

Qu'est-ce qui caractérise le ministère du Christ?

1ère la prière : le Christ priait beaucoup il pouvait passer de longs moments dans la prière, il pouvait prier pour que s'ouvre la manne et que se multiplient les pains, il pouvait prier pour que s'éloigne de lui la coupe maudite.

2ème Il adorait et chérissait Dieu, il s'était fait son avocat auprès des hommes ; il s'était fait l'avocat des hommes auprès de Dieu. .

3ème Il évangélisait : après l'épisode de la guérison, dans la synagogue le jour de sabbat, (Marc 3/1 à 6). Une foule était venue de partout l'écouter au bord du lac; le Jourdain ? (Marc 3/7à12).

4ème Il enseignait par des paraboles ou lors de grands rassemblements de foules (Marc 4/33,34, 6/30 à 34).

5ème Le point central de sa mission était la communion fraternelle, dont l'expression la plus importante de ce cinquième aspect était symbolisé par le partage du pain dont l'aboutissement étaient l'institution de la cène, la crucifixion, la résurrection.

La dernière projection de la croix est décrite dans le livre des révélations (21/9à27, 22/1à5). La cité d'or est de forme carrée; douze portes y donnent accès, sans doute trois par côtés. Un peu à l'image de la construction du premier lieu de culte des israélites. Avec au centre un trône sur lequel est assise la figure de Dieu.

Tout ceci m'amène à poser une question à laquelle je voudrais essayer de répondre.

Comment outre le pouvoir de guérison, le sentiment de liberté que procure la foi en la croix; peut-on faire un usage pratique de cette constante qui scelle la destinée des figures archétypales qui peuplent la bible, dans nos vies professionnelles, dans l'élaboration de nos projets, dans la direction des ministères d'une ekklesia chrétienne?

Personne n'est prédestiné au plan de Dieu s'il n'en veut pas, il n'y a de prédestination que par la foi! Cependant Dieu est présent en tous et toutes et son appel est incessant. L'aveugle parmi les aveugles, rien ne le prédestinait à la guérison sinon que l'espoir d'entendre un jour peut-être un nom. Puis il entend passer le Christ et ce qui sort de la bouche de Jésus, à savoir une question lui rend la vue. Cette histoire d'un point de vue historique nous concerne peu ou prou mais c'est la fonctiontranscendante qu'est le Christ; qui par notre foi en ce chemin héroïque, nous rend libre. (Marc 10/ 46 à 52)

Knockingowneven'sdoor.

Ce qui nous concerne c'est avoir accès au plan divin de manière pratique. A l'image du camp des israélites et du livre des nombres, les chapitres un et deux décrivant le dénombrement des tribus d'Israël. Placez les buts et les objectifs au centre de la projection cruciforme comme s'il s'agissait de l'arche de l'alliance et de la tente de la rencontre.

Dans la même perspective que dans le dénombrement qui place certaines tribus au sud de celui-ci, déterminez la méthodologie de votre projet de la même manière que Dieu détermine la méthodologie de la construction du premier lieu de culte des israélites. (Exode chapitre 36 à 39 : Méthodologie).

Toujours dans le livre des nombres, d'autres tribus sont situées à l'ouest de l'arche de l'alliance, à l'ouest déterminez les supports didactiques de vos projets de la même manière que Dieu projette ses plans, (exode 25/9, 26/30, 27/8 : supports didactiques).

Dans le dénombrement des tribus d'Israël, certaines sont au nord de l'arche de l'alliance. Déterminez les conditions de vos projets dans la partie supérieure de la projection tout comme la description du matériel utilisé dans la parole (exode 38/21 à 31 conditions).

Enfin les tribus situées à l'est sont la projection des critères de réussite qui déterminent que vos buts sont atteints (exode 40/16, 34 à 38 critères de réussite). C'est la transversalité des deux premiers livres du pentateuque qui permet d'établir un cahier des charges de vos projets dans la mesure où chacune de ses phases en donne une vue d'ensemble.

Chronique de la fin d'une d'hécatombe annoncée.

Comme disait l'expression consacrée: ce ne sont pas dans les banques que sont concentrées les plus grandes richesses mais dans les cimetières tant y sont enterrées des destinées inachevées ou inassouvies. La vie que nous avons reçu est comme une terre vierge qu'il faut labourer dans laquelle il faut semer mais toutes ces vies sans buts sont comme des terres en friche recouverte de broussailles. Si l'on prend la mesure de nos destins que l'on est actif dans une assemblée, que l'on sait; dans ce contexte quel chemin prendre. Il faut qu'il y ait une logique, comme un ordre divin.

Dans le cadre du fonctionnement d'une assemblée il est primordial de déterminer les ministères et leurs cadre.

Du ministère de l'apostolat.

Son but est d'implanter une église, ses objectifs: se plonger dans un état de prière afin d'avoir l'esprit ouvert à son environnement urbain.

Sa méthodologie: définir les besoins spirituels d'une population afin de constituer une assemblée. L'endroit importe peu dans la mesure où il n'existe pas d'église universelle se situant au-delà des croyants. «ce sont les hommes qui font l'église». Il faut cependant prendre en compte les contingences humaines concernant la location des infrastructures en jugeant des modalités celle-ci, en accord avec la sagesse divine, la sagesse qui transcende.

Ses supports didactiques.

Ils ne sont pas clairement définis si ce n'est selon toutes évidences la bible, un contrat de location en bon et due forme, éventuellement des statuts déterminant l'identité de l'assemblée.

Ses conditions.

Des moyens de communiquer des informations, un moyen de se rendre aux endroits qui nécessitent une présence pour l'aboutissement de la location, tous le matériel nécessaire quant à l'accueil des membres et à l'animation du culte. Un ou plusieurs supports numériques pour la gestion administrative et financière de l'assemblée.

Ses Critères de réussite.

Voir l'assemblée grandir et s'enrichir, spirituellement et financièrement.

D'un point de vue spirituel le ministère de l'apostolat doit pouvoir porter les casquettes de tous les ministères sans obligatoirement être attachés à aucuns d'eux.

Du ministère de l'évangélisation.

Son but: «la pêche au gros ». Son objectif:aller de lieux en lieux afin d'annoncer la parole de délivrance, guider les personnes rencontrées vers l'assemblée.

Sa méthodologie.

Se nourrir de la parole afin de donner un maximum de réponses aux questions que se posent les gens croisés au cours des campagnes d'évangélisation. Être curieux de tout, c'est-à-dire de tout ce qui vient étayer la parole.

Voici l'exemple d'une question qui avait été posée lors d'une action d'évangélisation: et la pédophilie dans les églises alors? Le frère qui m'avait relaté cette anecdotes m'avait avoué être désarmé face à pareille question. Peut-être aurait-il fallu répondre qu'il est possible que la pédophilie soit une pulsion sexuelle primitive inassouvie, parce qu'elle est restée à l'état embryonnaire à l'âge où elle devait s'exprimer et qu'elle à trouvé le chemin du conscient dans le contexte de l'âge adulte, que toute pulsion sexuelle quelle qu'elle soit provoque un bien-être physique et que son caractère pervers tiend dans le fait qu'il faille manipuler et détruire des vies, des destinées en devenir pour l'assouvir. Aucun statut social ne peut faire accepter cette perversité. Sa principale source d'inspiration, de munitions spirituelles c'est son assemblée.

Ses supports didactiques.

La bible principalement et tous ce qui peut constituer une documentation solide afin de pouvoir faire face à toute forme d'argumentation. De la documentation qui permette d'identifier l'assemblée: son nom, sa situation, toutes ces informations peuvent être reprises sur un tract. Si vous avez à faire à un marxiste, qui dans sa foi en ce qui est juste vous dit que la religion c'est l'opium du peuple approuvez. Faites référence à l'évangile de Marc (7/10 à 13) en disant que le Christ aussi s'opposait à la religiosité des pharisiens. Marx ne semblait pas être un farouche défenseur de l'athéisme comme attitude quant à l'analyse de la valeur de la propriété. (Préface de la deuxième édition allemande du capital).

Ses conditions.

Un bon moyen de déplacement, de bonnes chaussures de marche, une bonne mémoire, un esprit large et ouvert à toute éventuelle critique ou questions. De quoi prendre note, un Gsm chargé.

Ses Critères de réussite.

Voir ce qu'il à semé grandir dans l'esprit des gens, voir les gens rejoindre l'assemblée mais surtout il doit être au bon endroit au bon moment afin d'être le déclic qui permettra à une âme de se révéler à elle-même et de vivre pleinement sa vie en symbiose avec Dieu.

Du ministère du pastorat.

Son rôle est spécifique, il est même primordial pour tous dans le sens où il est la base de l'assemblée, sa pierre angulaire son but: « nourrir le troupeau ». Ses objectifs: réconforter, fortifier, enseigner.

Sa méthodologie.

La prédication; la Prédication même si elle est faite à toute l'assemblée, s'adresse toujours à chaque membre de manière particulière et différente. Certains sont solide d'autres ont besoin d'un double ratio, il est donc nécessaire que le pasteur soit derrière et non devant l'assemblée. Il doit être d'une grande capacité d'écoute tout en restant inflexible sur les choses injustes qui s'y déroulent. Il doit Consolider l'assemblée en y installant une sphère, une dimension transcendante basée sur la communion fraternelle, l'écoute, l'indulgence, la compréhension.

Ses supports didactiques.

La bible, toute la documentation Susceptible de contribuer à son enrichissement intellectuel et spirituel.

Ses Critères de réussite.

Assurer la cohésion de l'assemblée. Le travail du ministère du pastorat porte ses fruits lorsque les opportunités sont créés pour que la symbiose se fasse entre Dieu et les âmes de l'assemblée.

Du ministère de la prophétie.

Le ministère de la prophétie est selon moi certainement le plus difficile et le plus délicat à assumer. Celui-là plus qu'un autre est à ne pas mettre entre toutes les mains. Imaginez les conséquences quand il est exercé par un être peu scrupuleux qui souffrirait d'inflation psychique, qu'en faisant une pseudo prophétie il fasse bonne pioche et que par paresse spirituelle et intellectuelle l'assemblée le suive sans même prendre le temps de la réflexion. Le prophète c'est un peu l'antenne relais de Dieu sur terre.

Son but.

Avertir, donner de bonnes ou de mauvaises nouvelles. Ses objectifs: rendre ses frères et sœurs alertes et emplis d'une sagesse renouvelée, renforcer leur foi.

La première phase de sa méthodologie.

Elle est basée sur trois Principes fondamentaux qui régissent l'univers à savoir la dynamique entropique, la relativité restreinte,l'écoute. Une écoute impartiale, sans a priori et ainsi être à l'écoute de la pensée racine qui révélera la prophétie.

Si un membre de l'assemblée vient s'adresser au ministère de la prophétie, il faut sur la base d'un entretien; à travers l'ensemble des éléments contradictoires de la conversation ou de la succession des éléments exprimés, révéler la prophétie(genèse 41, Daniel 2).

La prophétie se révèle parce que les éléments essentiels d'un propos génère une dynamique évolutive qui abouti nécessairement à une conclusion. C'est de cette conclusion que se détermine la prophétie; ou pas: la vérité se révèle en faisant la preuve par le vide dans la mesure où la révélation qu'attend le frère ne se situe pas dans la perspective de ses desiterati.

La deuxième phase de sa méthodologie.

Le deuxième chemin de la prophétie correspond à la manière dont la lumière se diffuse dans l'univers, elle émane d'une énergie, elle part d'un point et se repend dans l'univers à une vitesse donnée. Elle est perceptible à un temps donné dans un espace donné, elle continue sa course vers le prochain espace temps. On peut déterminer un avenir à la lumière qui se diffuse à la manière d'un cône. Ainsi la lumière du soleil n'a pas la même intensité à son point de départ, sur terre ou sur mars. C'est en tous cas mon ressenti de ce qui spirituellement, se dégage à la lecture des premiers chapitres du livre prophétique d'Esaïe. La prophétie dans cette optique se détermine sur une analyse du passé, des incidences qu'il peut avoir sur le présent et ainsi avoir une perception de l'avenir. Pour l'exemple: en mil neuf cent quarante sept, si un prophète avait pu se lever en disant que l'extrême droite reviendrait dans les hémicycles du pouvoir, au Bundestag. Dans la mesure où ce n'est pas l'esprit du nazisme qui avait été jugé mais quelques dignitaires du régime nazi qui ont défiguré l'humanité. D'autres ont pu fuir avec la complicité du Vatican, d'autres encore ont été démobilisés et sont rentrés chez eux avec la haine du juif au ventre. Aurait-on jugé pour faire le plus vite possible le silence sur la Shoa? Dans tous les cas de figure cet hypothétique prophète aurait pu se lever et dire que la bête n'est pas morte, qu'elle s'est juste endormieet qu'elle reviendra par le même chemin par lequel elle a prit l'ascendance sur l'histoire.

La troisième phase de sa méthodologie.

Elle consiste à prophétiser sur l'aveuglement de l'entourage d'un ou d'une membre de l'assemblée ainsi que sur la personne elle-même. La référence biblique à ce sujet est le livre de Jérémie; dans son aveuglement Sédécias s'obstinait à ne compter que sur ses propres forces pour se défendre des babyloniens. Jérémie n'avait de cesse de dire au roi Sédécias de lâcher prise. Son entêtement à coûter la vie à sa famille et lui a coûter la vue.

La quatrième phase de sa méthodologie.

En refaisant la lecture du livre d'Esaïe qui consiste à déterminer un point précis dans le désordre des contingences humaines comme au chapitre cinquante trois où la fin du Christ est annoncée de manière salvatrice et triomphale. Comme dans un contexte de vie désordonné, il y a toujours un chemin qui détermine la voie à suivre pour sortir du chao. En ce sens le prophète doit avoir la foi et le recul nécessaire pour révéler ce chemin.

La cinquième phase de sa méthodologie.

Outre les quatre autres méthodologies citées plus haut, une cinquième se profile qui consiste à avoir des visions. Mais elles ne peuvent s'exprimer que de manière ordonnée. Près du fleuve Kebar, Ezéchiel eut la vision d'une apparition à caractère divin dont la projection était cruciforme. Composée de quatre êtres vivants aux différents points cardinaux qui étaient nourrit d'une énergie flamboyante émanant d'un trône sur lequel siégeait semble-t-il, la même figure transcendante que celle évoquée dans le livre des révélations au chapitre quatre les versets trois et quatre. De même que les visions d'Ezéchiel ne souffrent pas le désordre, les visions d'un homme qui se dit prophète doivent se profiler dans la même dynamique. Elle doit être ordonnée dans la mesure où ce n'est pas le scénario qui importe mais son contenu. C'est le contenu qui détermine le caractère transcendant d'une vision.

Je m'explique.

Dans une projection fantasmatique, je me vis assis dans une belle et grande Cadillac accompagné de quelques amis quand nous passâmes à proximité d'une remorque sur laquelle se tenait une force brutale enfermée dans une cage, cette force brute brisa sa cage et sauta dans la voiture avec encore deux barreaux dans chaque mains. La force brut se transforma en Projection archétypale de type apollonienne*. Je fais référence à la mythologie grecque bien que ce ne soit pas le sujet, pour illustrer la nature de la force parce qu'aucune figure biblique n'exprime celle-ci et que les figures archétypales qui peuplent la bible n'ont pas vocation de mythes mais s'inscrivent dans une dynamique évolutive,dans une dynamique de constantes et de variantes. Quand je repris mes esprits trois questions me vinrent à l'esprit.

Qu'est-ce qui était le plus effrayant dans cette vision les barreaux qu'elle tenait en main ou la force elle-même?

Qu'elle est la dynamique de cette vision?

Comment faire l'usage de cette vision pour transcender la vie?

Ces trois questions devraient justifier mon propos concernant l'ordre et la clarté qui doit y avoir dans une vision.

Ses supports didactiques.

Il est bon d'être curieux de tout, si le prophète à une connaissance générale, ce ne peut être que bénéfique mais sa principale source d'inspiration c'est la bible surtout les livres prophétiques.

Ses conditions.

Il n'y a pas de conditions particulières pour prophétiser sinon que de bonnes oreilles et un esprit ouvert à l'écoute et à la recherche de la pensée originelle des propos qu'on lui tiend. C'est dans cette pensée racine que Dieu se révèle.

Ses Critères de réussite.

Quand une personne a changé le cours de sa vie ou à une autre vision d'elle-même, on peut dire que l'homme s'est accompli en tant que prophète.

*la figure archétypale d'Apollon exprime dans certaines proportions ce que je ressens à propos de cette vision. Dans la mesure ou son origine est incertaine, qu'il est lié à la force brutale de la nature par ses liens filiaux avec une figure féminine liée à la terre, qu'il est lié par l'esclavage à la destinée des hommes. Que par un subterfuge il s'installa dans un contexte où il pût répondre aux questions que les hommes se posaient. Il était aussi lié aux arts et à la beauté.

Du ministère de l'enseignement.

Le dernier et non des moindres, le docteur es doctrine, son but est de comprendre la divine parole et chercher se qui se cache derrière son contexte historico-grammatical.

Sa méthodologie.

Elle consiste à se poser des questions du genre : ce que Dieu dit c'est ceci mais est-ce qu'on lit signifie vraiment qu'il veut nous faire comprendre? J'en veux pour exemple les quatre cavaliers de l'apocalypse. Et si ils étaient la projection fantasmatique de nos vies à leur différentes étapes. De naissance à trépas. Sommes nous responsables de notre propre apocalypse? Comment y échapper? Quelle est la part divine dans cette échappatoire?

Le premier cavalier n'a pas de teinte ou a toutes les couleurs de la lumière, il est blanc comme une épopée qui est encore à écrire.

Le deuxième cavalier est rouge comme la rage et la fureur de vivre, comme la soif d'en découdre.

Le troisième cavalier à la noirceur de ce que nous nous figurons de la justice ; de l'injustice. Noire et aveugle pour trancher dans le vif à grands coups de balance toutes les parures de la négoce. Exception faite des produits sacrés que sont les produits de l'onction et du vin du miracle.

Le quatrième cavalier à la pâle teinte de la mort.

Apocalypse, du grec apokálupsis, le dévoilement ou la révélation de Jésus Christ : apokálupsisJēsouChritoū.

Le dévoilement! Le spectaculaire se sont évidemment les quatre cavaliers. La traduction de Louis Segond les appellent celui qui le montait ; ils avaient une fonction particulière probablement liée à la couleur de leur monture. Est-ce le croyant qui par esprit de religiosité, en a fait de terribles êtres, des fléaux de Dieu ravageant tout sur leur passage? Est-ce que cette vision des choses les auraient poussé à faire abstraction de la projection d'innocence qu'est l'agneau ?

Ont-ils aussi fait abstraction du fait que les canaux de révélations, de dévoilement sont présents dans maints récits bibliques comme le livre prophétique d'Ezéchiel.

Dans le livre d'Ezéchiel toujours, la parole divine fait une description précise de l'aspect des chérubins qui s’apparentent aux quatre êtres vivants. (Ezéchiel 1/1 à 28 et 10/1 à 17).

Les chérubins sont de toutes les aventures bibliques, ils doivent avoir quatre apparences. Celle d’un homme, celle d’un taureau, celle d’un lion, celle d’un aigle.

Au chapitre trois de la genèse (3/24). Sur l’arche de l’alliance (exode 25/19 à 20). Comme cité plus haut dans le livre d’Ezéchiel (Ezéchiel 10/ 1 à 22).

Les chérubins n’ont donc rien des Pitti ou des faunes de la mythologie grecque. Cette vision des choses est à placer dans un contexte historique particulier qu’est la renaissance: au sortir de l’obscurantisme moyenâgeux, les autorités ecclésiastiques, politiques et le monde de l’art ont décidé de réintroduire l’héritage eurasien manifesté dans l’idéal philosophique, religieux, artistique grec;dans leur art de vivre. C’est peut-être de là que vient cette image de l’enfant divin et que la projection angélique ait un aspect enfantin.

Quel est le véritable sens de ce dévoilement ? Pourquoi l’agneau, pourquoi les quatre êtres ? Qu’est est la dimension entre la dimension «métaphysique » et les contingences humaines ?Visiblement donc la tâche du ministère l’enseignement est de répondre à toutes les questions que se posent les gens sur les véritables intentions divines.

Ses supports didactiques:

La bible principalement mais aussi tous les signes à travers lesquels Dieu se manifeste.

Ses conditions.

Une infrastructure en adéquation avec une banque de données qui soit la plus large possible, une bibliothèque.

Ses Critères de réussite.

Si les gens ont comprit les dessins de Dieu, il a atteint son but.

Enguisedeconclusion.

Nous ne pouvons qu'ajouter ceci : les ministères subalternes n'existent pas, il n'y a pas de petites mains dans une assemblée de chrétiens. La logistique, la comptabilité, l'administration de la logistique, devraient aller au ministère de l'apostolat. L'administration des contacts devrait être confiée au ministère de l'évangélisation. Les chantres et les chants de Gospel au ministère du pastorat. Les contacts ainsi que les rendez-vous devraient être centralisés vers un secrétariat qui dirige les gens vers les ministères en fonction des demandes. Les grandes décisions devraient se discuter «intra-ministères et adoptées lors d'assemblées générales.

Le difficile rapport à l'argent.

Avant-propos.

Lors d'une discussion sur le christianisme et l'argent nous avions fait le constat qu'à l'instar de l'islam, le christianisme n'a pas vraiment d'éthique économique.Ce qui m'a amené à me poser ces questions: les chrétiens sont-ils si désarmés face au pouvoir de l'argent?N'existe-t-il vraiment aucune éthique économique chrétienne?

Nous vivons dans un monde basé sur une hiérarchie de classes sociales antagonistes qui sont forcées de collaborer pour assurer leur survie. La classe sociale dominante à toutes les stratégies pour maintenir la classe sociale dominée dans son état de servitude. Aussi longtemps que les rapports entre les hommes seront basés sur des rapports de force avec l'argent comme moyen de domination, aucune paix ne sera possible. C'est une réalité intemporelle à laquelle aucun homme ne peut échapper, quelque soit son origine . Est-ce une fatalité?Je n'ai nullement l'intention de me faire l'avocat du calvinisme, du marxisme ou de quoi que ce soit d'autre. D'aucuns l'ont fait bien mieux que moi ni de me revendiquer du calvinisme ou d'une quelconque réforme. Mon seul souci est d'essayer de partager les enseignements de Jean Calvin l'analyse du capital de Karl Marx et leur vision de l'économie occidentale. Selon moi celle-ci trouve son origine de manière directe ou indirecte dans les évangiles.

De la prospérité.

Le message de la prospérité délivré au sein des assemblées du renouveau semble trouver son origine dans la réforme des institutions ecclésiastiques entamée par Martin Luther et Jean Calvin dont la vision sur la valeur de la richesse était basés sur quelques principes asser simples.(1)

1^{ère}Une certaine valeur d'équité: il n'avait semble-t-il de parti prit, ni pour la pauvreté ni pour la richesse. C'est sans doute ce qui le distingue de Marx.Calvin estimait que même si la pauvreté n'a pas de valeur morale, le pauvre doit être le maître du riche.

2^{ème}Il y a des valeurs économiques qui selon la logique de son herméneutique devraient êtrebannies de la vie des ecclésiastes: le gaspillage, le Stockage, l'accaparement, l'usure.

3^{ème}Jean Calvindéfendait deux formes de prêts. Le prêt personnel et le prêt permettant de développer et de faire fructifier une entreprise; des prêts octroyés à de faibles taux d'intérêts afin de ne pas étrangler une entreprise pas encore florissante ou qui connaissait un passage à vide. La seconde forme de prêt devait permettre aux gens, à des familles en difficulté de se sortir de mauvaises passe sans qu'il soit prélevé d'intérêts sur le prêt.

4ème Selon Jean Calvin la richesse n'est la propriété de personne: les hommes et les femmes fortunés sont gestionnaires des grâces que Dieu fait aux hommes et ont le devoir de les faire fructifier pour le bien de la collectivité.

5ème Ce à quoi s'opposait également Calvin c'était la prédestination divine, qui visiblement ouvrait la porte de la grâce à certains élus de Dieu,qui étaient appelés à la richesse. Pour Calvin la prédestination se suffit à elle-même par la foi et par la foi quiconque a accès à la création.

Cette vision utopique de l'économie d'une société s'est vue mise à mal par Max Weber défendait dans sa thèse, au début du 20èmesiècle que l'éthique économique protestante était à l'origine du capitalisme tel qu'il se définit aujourd'hui.

Mais cinq siècles séparent ces deux visionnaires. Durant cette période de notre histoire, un maniérisme c'est installé dans l'évolution du protestantisme et si le courant transcendant des Pays-Basà cette époque étaitle protestantisme, le pays des tulipes à prit part au plus grand des génocides que l'humanité ait jamais connu;nous sommes d'une manière ou d'une autre les enfants héritiers de cette ère maudite:le marché florissant des esclaves. Après la couronne portugaise, les Pays-Bas ont prit possession de places fortes comme le fort d'el mina sur la côte ghanéenne d'où partaient des flots d'êtres humains réduits à l'état d'esclaves. Pour la petite histoire, les portugais ont accosté sur le littoral ghanéen à la fin du 15ème siècle. Ils ont découvert de l'or en abondance, cet endroit est alors devenu la côte dorée. Ils ont pu exploité l'or à outrance si bien qu'ils en sont venus à nommer l'endroit la mine d'or. Mais pour les ashantis la mine d'or en portugais était imprononçable. De ce fait le nom de cet eldorado qui a traversé les âges c'est el mina. Les portugais ont détruit le tissu social des populations qui vivaient sur la côte dorée en les réduisant à l'état de marchandise.

Dans la première moitié du 17ème siècle en pleine guerre de religion et de crises iconoclastes; les hollandais avec leur alliés les anglais ont chassé les portugais de la côte dorée. C'est un bel endroit touristique mais pour m'y être rendu je sais que les murs se souviennent du prix d'une vie.

L'entréedu fort d'el mina donne sur une immense cour qui pouvait contenir quelques mille personnes debout et enchaînées. Tout autour avaient été construites descellules qui du temps des portugais servaient au stockage des marchandises en partance pour l'Europe et ailleurs. Les successeurs de ces derniers en avaient fait le même usage mais pour y mettre une marchandise d'une toute autre nature. La première cellule à droite juste à l'entrée était réservée au soldats aux arrêts. La seconde était destinée aux esclaves rebelles ou comme les appelait noblement notre guide les «freedom fithers». Toutes les autres cellules sur tous le périmètre de la cour étaient réservées à la marchandise humaine. Au milieu de la cour une chapelle avait été transformée en mess des officiers.

Les femmes étaient séparées des hommes, elles étaient enfermées en si grand nombre qu'elles étaient forcées de rester debout; dans deux grandes cellules de quelques cinquante mètres carrés chacune.Le premier étage accueillait les quartiers militaires, l'administration, l'office, le lieu de culte.

Le second étage était réservé au gouverneur, le balcon de sa chambre donnait sur l'endroit où les femmes étaient parquées. Quand une envie lui prenait, il faisait rassembler les femmes sur la cour qui séparait les deux cellules et choisissait la plus attrayante, la plus belle. Si elle refusait elle était battue à mort. Son choix fait, la femme était lavée et habillée; quand les envies du gouverneur étaient assouvies elle disparaissait par une trappe. Avec un peu de chance elle pouvait être enceinte et laissée alors à son sort dans le village de adjacent au fort. Les esclaves étaient conduit a la plage par un orifice d'un mètre carré. Ils devaient se laisser glisser sur une rigole construite pour que puisse s'écouler le sang. Beaucoup se rompaient les os en atterrissant sur la plage, leurs cadavres étaient jetés à la mer, il étaient acheminés vers les bateaux en pirogues. Je n'avais pas entendu notre guide parler des enfants, à ma question il a évoqué le fait que qu'ils n'étaient pas considérés comme une marchandise rentable. Je suis sorti de la visite du fort l'estomac noué avec l'impression que l'organisation de cette entreprise revêtait le caractère d'un univers concentrationnaire.

Cette richesse inépuisable contrastait avec le caractère de la vie austère que menaient les notables hollandais. Le système économique basé sur l'esclave à perdurer de l'aube des temps jusqu'à la deuxième moitié d'un 19ème siècle en pleine mutation entre un système archaïque et la révolution industrielle naissante. L'avènement du capitalisme est du à l'esprit de l'esclavage : à son caractère psychologique et sociologique. Avec le fait que les protestants y étaient étroitement liés, ajouté à cela le concept de prêts à du motiver Max Weber à considérer l'éthique économique protestante à l'origine du capitalisme.

Mais il doit aussi son apparition à la disparition de systèmes d'exploitation de l'homme par l'homme archaïques et dépassés comme l'intemporelle aristocratie, le corporatisme ou l'esclavage. Parce que le concept de main d'œuvre devait être en concordance avecles besoins d'une industrialisation du tissu économique du dix-neuvième siècle.

Ce quià mes yeux est remarquable c'est qu'entre Jean Calvin le progressiste proche desHumanistes de son temps et Max Weber le social-démocrate bien des visions communes auraient pu les rapprocher.

Pour avoir une vision de l'économie occidentale actuelle, le marxisme est incontournable. Cependant une chose est à tirer au clair: Jésus Christ était charpentier, l'apôtre Pierre était pêcheur, Saul alias Paul était artisan, il fabriquait des tentes ; je comprend la réticencesthéologiens de la libération de se réclamer dans l'absolu du marxisme et comme les premiers chrétiens la classe laborieuse à travers les siècles n'a pas attendu Marx pour assumer sa condition. Comparer la valeur marchande d'un pantalon exprimée de manière abstraite dans la valeur marchande de ce qui le constitue, ainsi que l'expression abstraite de la valeur de la toile dans la valeur marchande du pantalon à la nature bêlante du chrétien qui se manifeste dans son égalité avec l'agneau divin est des plus cynique.(2) Je comprend cependant Marx dans le cheminement de sa réflexion, dans la mesure où il fait l'inventaire du système capitaliste jusque dans les plus infimes de ses dimensions. Que par voie de conséquences, le clergé ne peut quefaire l'objet de critiques les plus acerbes. Dans le sens où il était un instrument d'asservissement des populations, dans le contexte d'industrialisation et de colonisation du 19ème siècle.

Je trouve la remarque de Marx dans ce contexte analytique du capitalisme non pertinente parce qu'elle n'offre pas de vision de fond mais de forme.

Deux voix, un chemin.

Comment concilier l'herméneutique de Jean Calvin et l'analyse marxiste du système avilissant dans lequel nous vivons? Peut-être en cogitant sur la différence entre le travail en tant que valeur abstraite ajoutée à la valeur marchande d'un produit fini et le travail producteur de richesse.

Lors d'un séjour au Ghana à la sortie d'Accra nous étions stoppé à un sémaphore passé au rouge, il y avait là deux vendeurs, la température extérieure dépassait allègrement les trente degrés. A gauche du véhicule il y avait un vendeur de chaussettes à droite une femme vendait de l'eau.

Imaginons quemalgré la chaleur l'homme parvienne à vendre quelques unes de ses chaussettes, le lendemain voyant le résultat infructueux de sa vente,ilse rabatsur une marchandise tout aussi improbable pour ce genre de climat, disons des vestes et toujours malgré la chaleur il parvient à en vendre quelques unes,ce qui lui donne une impression de réussite.Le surlendemain il achète des pulls de laine, la situation climatique est identique il parvient malgré toutà en vendre en répercutent les coûts engendrés par l'effort fourni sur les chaussettes et sur les vestes ce qui influence le prix de sa marchandise.Que va-t-il faire de ses invendus? Il va emprunter à des taux usuriers les fonds nécessaires qui lui permettront de s'approprier des lieux sacrés et de les transformer en hécatombe ou de faire main basse sur des lieux de vies faites de rues, de maisons, de jardins secrets pour en faire de gargantuesques vitrines qui attestent de leur caractère langoureux, qui au gré du bonheur de ces dames, détruisent le tissu économique des petits commerçants.(3)

Dans le même état d'esprit l'homme qui s'affaire à continuer son activité commerciale, emprunte à des taux usuriers les fonds nécessaires à fins de renouveler son stock de marchandise.

L'usurier comme le marchand de chaussettes vont tabler non sur la richesse du travail et de l'activité mais sur son volume,valorisant celui-ci en parts d'actions et de titres qu'ils vont vendre à des rentiers qui pensent s'enrichir sans avoir à créer de richesses. L'argent est devenu source de vie tandis que la source de vie est devenue de manière abstraiteune valeur dans une masseinforme,à ce qu'elle à de contraire de ce que l'on en fera. Le travail est également réduit à une valeur abstraite incluse dans la valeur de la marchandise. Le but principal est de produire un maximum de choses complètement inutiles et de garantir ainsi le volume de l'activité du marchand de chaussettes; au détriment de milliards de vies, de projets professionnels avortés, de talents gaspillés.Cette manière de créer de la richesse n'a rien pour elle, elle représente ce pourquoi Calvin s'élevait contre le stockage, le gaspillage, l'accaparement, l'usure. Elle fait mentir les résultats financiers or la véracité des chiffres fait office de témoignage de la prospérité, dans la mesure où l'on crée de la richesse sur base de données concrètes et mesurables.

La vérité des chiffres prend la mesure de la richesse produite par le travail. Qu'est-ce que le travail sinonla transcendance de la création divine en exerçant l'art de la transformer. En fait l'argent n'est ni bon ni mauvais mais il est le résultat de cette transformation, il est issu de la source de vie il permet d'assurer la pérennité d'un projet.

L'eau, l'éternelle présence.

L'eau est depuis toujours; à l'état protoplanétaires une constante universelle. L'eau est source de vie, partout où elle est présente il y a des possibilités de la voir éclore.

Mais revenons à mon sémaphore passé au rouge, à ma droite donc il y avait une femme qui vendait de l'eau. Le contenu de son stock se suffisait à lui-même, à la capacité de son activité, il était agencé de manière à optimiser son travail.Son eaun'eut d'autres valeurs que celle d'une source de vie sans valeur ajoutée, sans transformation dans laquelle la valeur de l'eau dut être reconnue comme valeur abstraite.(4)

Le modèle économique basé sur l'autosuffisance est-il viable ?

N'est-il pas lui aussi à la merci des mêmes dérives totalitaires qu'un capitalisme débridé, dans la mesure où l'autosuffisance requiert une discipline de gestion rigoureuse et que si l'on ne met pas l'amour nécessaire pour que chacun s'épanouisse, le risque est grand de voir une ou des nations entières prendre les chemins de la dictature de l'offre pour répondre à la tyrannie de la demande.

Que faire? Quelle éthique économique faut-il concevoir pour assurer le bonheur de tous?

Contrairement à l'église catholique qui au moyenâge s'opposait à l'usure mais qui prêtait à des taux qui pouvaient s'élever à 56% de la somme prêtée.(1) Jean

Calvin qui ne défendait pas le système bancaire avait une vision du prêt qui comme cité plus haut consistait à créer un fond d'investissement d'état afin que tous et toutes sans distinction de classes sociales pussent accéder à un financement soit personnel soit professionnel afin d'améliorer leur situation. Le remboursement se basait sur la capacité financière de la personne à qui le prêt était octroyé. Il en allait de même pour les intérêts: selon Calvin le taux devait être fixé en fonction de cette capacité, ils ne pouvaient dépasser les 6,5%.(1)Est-ce là une ébauche de ce qui semble être aujourd'hui le système bancaire alternatif? La dynamique évolutive de ce concept de prêts pourrait-elle étayer la thèse de Max Weber?

Quoi qu'il en soit, des communautés libertaires aux kibboutz en passant par les kolkauses, aucun système communautairesi progressiste soit-il n'est àl'abri de «maniérisme». J'en veux pour preuve la collectivité des biens selon la philosophie marxiste qui fit escale en gare de la tyrannie stalinienne, pour finir à grands coups de pantoufles en capitalisme d'état.

La question reste entière:que faire? Le communisme est-il vraiment mort? D'un point de vue historique comment une structure sociale qui n'a jamais existé pourrait-elle mourir? Le communisme est-il l'affaire du diable ou pourrait-il représenter la seule alternative au capitalisme débridé?

Toujours est-il que la seule évocation d'une assemblée qui ait le sens commun dont les hommes aient fait mention dans leurs écrits, en tous cas d'aussi qu'il m'en souvienne et qu'il me fut donné de lire est celle-ci: la foule de ceux qui avaient cru n'étaient qu'un cœur et qu'une âme. Personne ne disait que ses biens lui appartenaient en propre, mais ils mettaient tout en commun. Avec beaucoup de puissance, Les apôtres rendaient témoignage de la résurrection seigneur Jésus et une grande grâce reposait sur eux: il n'y avait aucuns nécessiteux parmi eux:tous ceux qui possédaient des champs ou des maisons les vendaient apportaient le prix de ce qu'ils avaient vendu et le déposaient aux pieds des apôtres et l'on faisaient la distribution en fonction des besoins.(5) Mais le chapitre cinq du livre des actes des apôtres vient mettre à mal cette belle harmonie et conforter ma position sur les rapports de force et d'argent entre les hommes. Quoi qu'il en soit Nous ne sommes riches que de nos ressources, si nous nous laissons spolier, la misère nous guette. Le sens commun veut-il pour autant dire que le leadership n'est enrien nécessaire? L'esprit de communion fraternelle n'exclut pas la présence d'une hiérarchie:«et le portaient aux pieds des apôtres; l'on faisait la distribution en fonction des besoins»; pour prendre part à ce ministère et à cette charge d'apôtre que Judas à abandonné pour aller à la place qui est la sienne ; Ils tirèrent au sort et le sort tomba sur Mathias qui fut associé au onze apôtres.(6)

L'on ne peut explicitement tirer de conclusions ou déterminer de lignes directives mais il est clair que quelques points se profilent qui peuvent influencer les rapports des chrétiens à l'argent.

En guise de conclusion.

Nous ne sommes riches que de nos propres ressources.

Qu'il est possible de créer des communautés basées sur le partage et la communion fraternelle afin de s'autofinancer.

Que les rapports de force basés sur l'argent sont à proscrire.

Que l'argent n'est ni bon ni mauvais mais qu'il requiert dans sa manipulation une honnêteté sans faille.

Que chercher la prospérité dans un système de classes sociales antagonistes c'est se bercer d'illusions, parce que le travail est sacré, qu'il n'a rien d'une valeur abstraite absorbé par une masse gargantuesque.

Les chrétiens doivent pour autant vivre en dehors du monde?

Les citoyens de la septième dimension.

Avant propos.

Les mythes et les légendes vivent leur vie dans une dimension métaphysique et ils cheminent jusqu'aux tréfonds de la psyché des hommes en se manifestant à leur conscience sous des formes d'images archaïques. Ils leur appartiennent d'aller puiser dans cette richesse pour transcender leur vie. (1)

La pensée quantique? Est-ce de la complexité des éléments qui composent une pensée qu'émane toute l'énergie universelle?Ou chaque pensée émise Provient-elle de la septième dimension? Puisqu'elle se développe entre le zéro absolu et la puissance de Planck.(2)

La bible en tant que pensée, est-elle issue de cette dimension? Dans le sens où si l'on la dépouille de son caractère histirico-gramatical(3) elle révèle un aspect insoupçonné de constantes et de variantes, de principes qui déterminent la dynamique universelle comme le principe anthropique ou la dynamique entropique. Certe la dimension historique de la bible a une fonction prépondérante parce qu'elle permet de dynamiser la psychologie humaine par la force que représente les figures archétypales qui s'y expriment. Nombreux sont les exemples qui expriment les constantes universelles comme la dynamique évolutive: Lot et sa femme qui s'enfuient de Gomorrhe et ont l'ordre de ne pas se retourner, les israélites qui veulent recouvrer leur conditions d'esclaves et qui en paient le prix fort, Christ aurait pu fuir et arrêter le cours inexorable des transcendances. Sans résurrection pas d'épitre au corinthiens, pas de livre des révélations.

Dieu parle-t-il encore aux hommes?

Alors, les conversations que Niel Walsh entretien avec Dieu, est-ce du blasphème? Bien sûr la possibilité de converser avec Dieu est une évidence sans quoi si notre foi n'était qu'une suite de monologues, il y a longtemps qu'on l'aurait pendue au vestiaire des oubliettes de l'histoire.

Donc voilà, je vais y aller moi aussi de mon dialogue avec l'homme de jaspe et de sardoine siégeant au centre de tout ou Dieu puisque les dernières traductions viennent du latin Deus ou cause transcendante.Si la bible est emprunte d'un caractère poétique dit israélite(3),qu'elle est l'écho racine de la pensée divine, le tome premier des conversations avec Dieu pourrait être d'inspiration divine parcequ'il semble révéler toute la force du formidable livre de Job. Job aimait Dieu parce qu'il vivait dans la crainte de voir sa grâce lui être enlevée, de sa personne et de celle de ses enfants. Ce qu'il craignait le plus lui arriva; il craignait Dieu dans sa dimension humaine. Certe c'est la crainte de Dieu qui l'a plongé dans le désarroi qu'on lui connaissait mais est-ce pour autant que Dieu en était responsable.(3)

Et l'esprit malin dans tous cela?Le plus grand mystère divin c'est la vie, le cinquième élément. Quoi qu'il arrive les monstres les plus farouches et leur lots de peur les plus profondes se sont cassés les dents quant à la détruire. Dieu dit à Job: je suis toujours là cet univers auquel tu appartiens c'est moi qui l'ai conçu.

As-tu -tu déjà pris conscience de la place que tu y occupe? Je le partage avec toi sans restrictions aucune. Sois sans crainte.

Toujours selon la conversation avec Dieu(4) le diable n'existerait pas ou serait une invention des hommes. Pourtant il traverse les chemins de la parole à pas feutrés. Comme dirait l'adage: «le meilleur truc du diable est de faire croire qu'il n'existe pas»!Le grand paradoxe de l'humanité est de focaliser ses peurs, ses angoisses et tous ce qui y résulte de plus sombre sur une entité spirituelle qui passe son temps à faire croire à sa non existence. Alors que le créateur de l'univers frappe à la porte de l'esprit et qu'il faut parfois toute une vie pour se faire entendre.

On peut envisager la chose sous un autre angle, la maladie n'arrive pas par hasard mais quand l'esprit y est disposé. Face à la maladie il y a deux options; un esprit de guérison ou à contrario un esprit de peur, l'aveugle parmi les aveugles voulait guérir par l'esprit de Christ.La question qu'il posa suscita en l'aveugle l'envie et la volonté de guérir. Si la maladie entraîne la peur, plus grande est la peur plus grave peut être la maladie. Que l'on ne s'y trompe, mon propos n'est pas de réfuter les bienfaits de la médecine mais elle ne peut rien si l'esprit de guérison n'y est pas. Cette peur peut-être exprimée par une projection archétypale que l'on nome diable. Dire que l'homme est responsable de l'emprise que le diable a sur sa vie va de soi,il serait trop facile qu'il se dédouane de ce qu'il sème de néfaste dans sa vie. Mais l'homme n'est pas l'auteur des archétypes qui peuplent son inconscient, ils y sont depuis des temps immémoriaux.(1)

De toutes pensées négatives il ne résulte que de l'énergie aussi puissante que de la pensée positive mais paradoxalement, de la pensée négative il ne résulte rien d'autre qu'une zone de non être.A contrario de la pensée positive qui revêt un caractère divin d'où émane une force créatrice.

«Quoi»? Le diable n'existe pas? Est-il la somme de toutes nos expériences négatives?

S'il est une doctrine à laquelle je ne peux adhérer, c'est celle de retrouver ma foi battue à chaud entre le malicieux marteau et la divine enclume. La foi en anglais se dit faith dont la traduction est confiance, si une relation de confiance s'est installée entre Dieu et les croyants, ce choix ne s'impose même pas. Si l'on suit son chemin transcendant la peur au ventre, la foi ne peut être que vacillante; parce que l'esprit qui est enclin à croire en Dieu pour échapper au diable est des plus manipulables et des plus à mêmes d'être victime d'une secte ou d'un quelconque tartuffe.

Toujours dans le livre des conversations avec Dieu, qu'en est-il de l'amalgame que Dieu et Niel Walsh font entre Christ, Bouddha, Krishna?Si toutes ces voies transcendantes se valent, toutes ont leurs spécificités et qu'elles ne sont pas propices à un quelconque mélange sans en avoir au préalable un aperçu. Que c'est par la prise de conscience de ces spécificités que peuvent se profiler certaines transversalités.Si certains liens se profilent nous ne pouvons les imaginer que par la foi dans la mesure où les contingences humaines nous limitent au physiquement mesurable. Si l'on pouvait faire un portrait des principaux protagonistes, de ces héros qui éveillent les consciences sur les contenus de l'âme, Ce devrait donner ce qui suit.

Le portait du Christ.

Combien de martyrs faudra-t-il encore avant que soit assouvie cet appétit vampire?

Combien de sang versera-t-on encore sur nos vies dissolues, sur nos peurs, sur les conséquences néfastes de nos choix?N'est-il pas temps de changer de cap, de prendre conscience que celui que l'on appelle pour son sang est revenu des morts pour raviver la flamme vitale que l'on s'empresse d'étouffer par nos contingences humaines? Le sacrifice d'un martyr n'a de sens que d'éveiller le maître qui sommeille en soi. Si l'on considère que le Christ est le chemin qui mène à la cause transcendante.Etre disciple veut-il dire appréhender la maîtrise de soi?Etre disciple est un choix, le choix de la mort de ce monde et de la renaissance vers une route nouvelle. Mais ce chemin n'est pas un itinéraire d'enfant gâté, prendre sa croix ne signifie pas souffrance mais ressusciter notre leadership. Ne pas avoir peur des sacrifices qui ouvrent les voies, prendre soin de tous et de toutes, pratiquer la communion fraternelle, agir avec parcimonie sur des bases solides, pratiquer une saine colère qui nettoie le temple et qui grandit ceux qui sont dignes de cette colère.

Aller là où le divin n'est pas ou la courbe du temps s'est arrêtée pour ramener la flamme de vie aux hommes afin qu'ils renaissent.La cène exprime le corps du Christ en tant que chemin transcendant menant à une dimension collective et universelle. Le Christ par son sacrifice conduit au centre divin, le fait d'y participer constitue une prise de conscience d'appartenir à cette multitude.

Quarante jours est une mesure de temps dans l'espace d'une vie, de Noé à l'attente de la pentecôtequarante jours est une constante dans la dynamique évolutive de la bible. Le fait de la résurrection signifie-t-il que l'esprit est hors du temps? Que ce qui existe dans l'espace temps n'est que secondaire dans la mesure où tout provient de la dynamique énergétique de la pensée?Et cette autre constante de la bible: le nombre sept? Dieu acheva son œuvre le septième jour, il le bénit et s'y reposa. Selon que la pataphysiciens aient déterminé que l'univers est composé de deux pôles antagonistes qui répondent l'un à la loi de la relativité générale et l'autre aux lois de la physique quantique, que ces deux pôles comprennent trois dimensions cela en fait six. Antagonistes et pourtant il s'avère que de la frénétique activité de l'infiniment petit émane l'infiniment grand. L'infiniment petit peut-il être le début absolu? Entre le zéro absolu et la plus petite des particules il y a-t-il une dimension de tous les possibles?(2) Le zéro absolu peut-il être considéré comme une unité de mesure de temps puisqu'il ne représente rien et tout? Comme le centre d'un rayonnement? Est-ce cela la septième dimension? Est-ce cela qui lui donne sa dimension d'infini? Est-ce à partir de ce centre absolu que tous se crée, que tous prend corps? La septième dimension, la dimension divine?

Est-ce que deux forces opposées imposent une résistance lorsque l'on tente de les séparer? Non à cause de cette résistance mais par le fait de la force gravitationnelle. Dans le sens où cette force exercée sur un objet est attirée en son centre par la force exercée sur le centre de l'objet qui l'oppose.Plus grande est la force exercée sur les centres respectifs de ces deux objets et plus il est difficile de les dissocier. Imaginons un rayon gamma qui dans sa course folle est stoppé par la pression qu'il exerce sur la matièresombre. Est-ce là le rôle de la matière sombre? Une fonction stabilisatrice de l'univers? Dans ce cas elle n'a nul besoin d'émettre de la lumière, si la matière sombre compose quatre vingts-cinqpour cent de l'univers si elle produisait de la lumière l'univers serait si lumineux qu'il serait invivable.

Et si notre relation avec Dieu était à l'égal de l'univers tel que l'on se l'imagine? Un centre absolu d'où tout rayonne, une matière sombre qu'on ne peut percevoir mais dont on ne peut qu'envisager l'existence.

L'esprit et l'âme qui animaient le Christ s'était façonné de manière transgénérationelle de Adam à Joseph, pour qu'il soit ce parfait aboutissement. Il eût fallu qu'il naquît d'uneterre dépourvue de toutes imperfections, de toutes iniquités. Le Christ s'était exprimé en temps que voie du milieu, errant quarante jours dans la dimension humaine. Il fut confronté à l'illusion du pouvoir de cette zone de non être, non être dans la mesure où elle n'est régie que par un instinct de puissance et de possession, il est la voie du milieu parce qu'il aconfronté la force de l'esprit à cette force aliénante.

Le portrait de Mohamet.

Dans leur conversation; Niel Walsh et Dieu auraient-ils oublié la tribu de Juda et le prophète Mohamet? Était-ce de l'autocensure? Était-ce plus commode de n'évoquer Christ, Bouddha, Krishna? Je ne peux pas éluder l'islam, il est la troisième voie transcendante au monde, ignorer cela c'est faire l'impasse sur un tiers de l'humanité. Évoquer l'islam par ces temps ne devrait pas être difficiles et délicat. Mon ressenti vis-à-vis de celui-ci est qu'il est d'une riche complexité spirituelle qui relève de la beauté lyrique d'une œuvre abstraite, comme une dimension divine sublimée par la dévotion. Est-ce la raison pour laquelle les musulmans considèrent Dieu comme le seul résidant de Celle-ci?

L'islam est une religion basée sur l'abnégation et le sacrifice de soi, qui trouve son origine dans le livre mosaïque de la genèse. L'une des figures de proue de l'islam est Abraham. Isaac ne pourrait être la source de l'islam puisqu'il est le pilier des douze patriarches. Supposons qu'Ismaël le premier fils d'Abraham soit à l'origine d'une longue tradition orale qui se soit enrichie au point de pouvoir former un courant religieux qui s'étende de son origine a la révélation divine faite à Mohamet. Ce n'est qu'une théorie certe quelque peu élégante mais il n'y a aucuns éléments historiques qui viennent l'étayer.

Je n'ai jamais vraiment accorder un réel crédit à l'exactitude des dates si ce n'est que pour arrêter sur la ligne du temps certains événements qui viennent de manière ponctuelle marquer le début ou la fin d'une épopée Comme les livres du pentateuque qui ont été écrits bien après l'ère abrahamique, Moïse a certainement dû être en possession de supports didactiques qui l'ont aidé à la rédaction de ceux-ci. Cela n'enlève rien au caractère divin des récits mosaïques. Il est possible qu'il en soit de même pour la rédaction du coran. Elle a probablement été ardue parce qu'elle a pu se dérouler dans un contexte de crise d'identité aiguë dans le sens où l'empire romain s'était converti au christianisme et qu'avec le concile de Nicée est née une situation de conflit d'intérêts spirituels entre le sanhédrin(le grand conseil juif présidé par un grand prêtre qui faisait office de gouvernement pour les affaires qui n'étaient pas du ressort des romains)et les autorités romaines qui s'étaient dotées de nouvelles doctrines et de nouveaux rites. Est-ce cela qu'évoquent les versets cent treize et cent quarante de la sourate de la vache(5): les juifs disent les chrétiens ne se fondent sur rien, les chrétiens disent les juifs ne se fondent sur rien et pourtant ils récitent le livre. Tous les ignorants tiennent le même langage. Dieu décidera entre eux le jour de la résurrection.(113) Direz-vous qu'Abraham, Ismaël, Jacob, était des Juifs ou des chrétiens?(140) Selon le coran (yâsînversets:69, 70). Nous ne lui enseignons pas la poésie mais un avertissement et un coran explicite pour qu'il avertisse tout vivant que la parole s'accomplira contre les incroyants. Considérer Mohamet comme un poète semble erroné parce qu'à l'égal de Daniel qui détermina un chemin sur la base d'une vision faite d'éléments concordants et discordants (Daniel chapitre 2 versets 32 à 35);Mohamet par l'écriture des éléments constitutifs du coran à révéler une voie transcendante ce qui«techniquement, relève de la prophétie».Ce mot qui fait trembler l'occident: le djihâd qui est souvent traduit de manière erronée par «guerre sainte» qui signifie abnégation et sacrifice de soi. Mais que l'on se s'y méprenne le djihâd n'est pas seulement spirituel, il se mène aussi par la force du combat physique.

J'aurais voulu pour illustrer mon propos évoquer les sourates huit et neuf,le butin les versets cinquante neuf et soixante et la repentance les versets cinq et six, qui parlent du sort fatal réservé aux incroyants. Par soucis d'honnêteté intellectuelle afin de ne pas les tronquer pour qu'elles ne servent pas d'alibi à l'islamophobie et parce qu'elles s'inscrivent dans un contexte plus général de récompense et de repentance. Je laisse donc le soin aux lecteurs d'apprécier leur portée.

Toujours est-il qu'un abîme s'est creusé entre le monde musulman et le reste du monde au fil de l'histoire. Des croisades à la prise de l'Andalousie, du conflit israélo-palestinien aux routes de la Syrie qui ne sont pas sans rappeler Dresde ou Berlin en ruine.

La guerre est l'affaire des hommes quel que soit le chemin que l'on ait suivi, transcender sa vie par la destruction en semant la mort relève de la schizophrénie

Le portrait de Krishna.

L'indouisme est peut-être l'une des religions les plus vieilles, sans églises, sans esprit fondateur. Des études astronomique basées sur des textes sacrés situent son origine a quatre mille ans. Il trouve ses origines étymologique dans les textes zoroastiques. Le pilier central de l'indouisme est le veda qui révèle la réalité cosmique par la connaissance. Quelle réalité cosmique? Je pose la question parce que la réalité cosmique dont il est question est visiblement cyclique, ce qui fait abstraction de la dynamique évolutive du cosmos. La transmission orale occupe une position prépondérante dans la connaissance du Véda.

Visiblement l'indouisme n'impose pas de dévotion pour les idoles qui composent son panel de figures religieuses. L'une de ces figures peut comme avatar se manifester parmi les hommes. Ces avatars sont-ils la transfiguration de principes philosophiques psychologiques, spirituels des idoles qu'ils incarnent? L'avatarqui nous concerne est bleu foncé voire noir car il est né d'un cheveu de Vishnu. Sans paraître qu'il ait une quelconque attache, l'indouisme à une dimension empirique temporelle. Une dimension de l'unicité dans un tout, l'âme d'un être reflétée dans l'âme universelle, comme le reflet lunaire dans le cristal assombri par la nuit.A contrario du bouddhisme la présence d'une âme semble s'exprimer sur le chemin transcendant de l'indouisme. Le concept d'âme est-il en cohésion avec les manifestations divines? Dans le sens où il y a la nécessité de créer un lien entre l'homme et les divinités indouistes. Ce qui est appréciable c'est sa capacité d'exister sans contrainte, sans la nécessité d'idolâtrer les divinités. Peut-être parce qu'elles n'ont qu'une fonction ponctuelle qui exprime le vécu des hommes qui marchent sur ce chemin. L'indouisme offre une dimension divine à l'organisation de la société indienne parce qu'elle divise la population en quatre Castes: les prêtres, les nobles guerriers, de la caste kshatriyas dont est issu Siddhârta Gautoma qui était la cent vingt-cinquième incarnation de Vishnu. Krishna, l'avatar bénéficiant de la plus grande notoriété est la huitième incarnation de Vishnu dont le mantra est connu de tous:hare Krishna, hare rama. Sa fonction au sein de l'indouisme est complexe parce qu'il crée une transversalité entre les différents aspects organisationnels de la société indienne dans le sens où il est associé au travail de l'élevage de vaches et qu'il est aussi mêlé à de nombreux et sanglants combats.

Sa petite enfance a des similitudes avec la petite enfance de Christ et de Moïse dans la mesure où tous trois ont dû fuir l'horrible régime d'un despote motivé par la peur qu'ils provoquent sa chute ; de massacrer tous les enfants en bas âge. Il fut également à l'égal du héros tragique des illiades mortellement blessé à la cheville. Loin de moi l'idée d'extrapoler, je constate juste à travers le prisme du «matérialisme historique»des mythes, des légendes et des contextes historico-grammaticaux qu'il y a des similitudes dans la destinée des ces trois héros.

Krishna n'est pas un courant transcendant, il est une figure centrale complexe de l'indouisme sur une voie religieuse encore plus complexe. C'est cette complexité qui le rend appréciable, parce que l'indouisme est à l'image de la psyché humaine: riche et complexe.(6)

Le portrait de Bouddha.

Le bouddhisme trouve son origine au sixième siècle avant Jésus Christ par l'éveil de Siddhârta Gautoma, de la caste des nobles guerriers kshatriyas. Quand on parle de l'éveil dans le contexte du «bouddhisme» on parle d'extinction des désirs de l'ego par la prise de conscience de quatre vérités fondamentales qui donnent à penser qu'elles sont le reflet l'une de l'autre et qu'elles conduisent à la délivrance et au détachement de l'initié des choses de ce monde.

De l'altruisme,à la compassion pour les êtres qui sont encore aux prises avec les affresdes envies que provoque leur ego. Pour les bouddhistes nul n'est besoin de grande ciguë pour empoisonner un homme. Il fait cela très bien lui-même, par la colère, l'avidité, l'ignorance. Ce sont ces trois poisons qui déterminent le cycle kharmique et qui empêchent l'accès au nirvana.Puisque visiblement pour le bouddhisme le nettoyage se fait par le vide, il n'y a pas d'âme constant,permanent qui s'insère de générations en générations jusqu'à l'extinction des feux.Le cycle kharmique dépend des actes posés sur un chemin de vie. Aussi longtemps que l'éveil par le vide ne s'est pas fait, il n'est pas possible d'atteindre le nirvana. Il se distingue de la nouvelle Jérusalem par sa non existence ou par son existence par le vide puisque comme cité plus haut, le chemin de l'éveil se fait par le détachement de l'être des choses qui provoquent l'envie. Le grand paradoxe du bouddhisme résulte dans le fait que le chemin de l'éveil par le vide se fait sur la base d'un enchevêtrement de préceptes qui s'enracinent jusque dans les tréfonds de l'âme humaine. La grande ressemblance entre le christianisme et le bouddhisme ce sont les dix préceptes qui s'apparentent aux dix commandements en tant que textes. Historiquement, ils sont au antipodes les un des autresparce que les dix commandements mosaïques ont été écrits bien avant les préceptes bouddhistes.

Parce que les dix commandements mosaïques ont été écrits dans le cadre d'une édification collective. Tandis que les préceptes bouddhiques s'inscrivent dans le cadre d'une édification individuelle.Cela dit la construction spirituelle du collectif ne peut se faire que par des choix individuels. Des commandements, des préceptes qui sur ces voies changent des vies et constituent de véritables signes divins.(6)

En guise de conclusion.

Et si? Et si nous n'étions que des projections archaïques d'une conscience incommensurable, partagée entre le positif et le négatif? Que nos actions soient motivées par le bien être et le mal être de cette conscience? Et si nous revivions une éternelle et cyclique renaissance, afin que cette conscience évolue de manière empirique, que notre galaxie n'ait par rapport à cette conscience que la taille d'un neurone?

Que nous puissions de la sorte nous dédouaner de nos choix? Sont-ce les choix que nous faisons qui sont à l'origine des chemins que nous suivons?

Quelle dynamique nous pousse à faire le bon choix?

Qu'est ce qui détermine un bon choix?

Est-ce au prix du renoncement de tout ce qui emprisonne?

Dans tous les cas de figure, quels qu'ils soient ces chemins existent pour nous porter au-delà de nous-mêmes. Qu'ils nous sont révélés par des héros, des fonctions transcendantes qui sont allés jusque dans cette zone de non être pour ramener la lumière qui éclaire la vie des hommes afin qu'ils trouvent le chemin qui mène à Dieu.

Dieu s'est inscrit d'une manière qui m'échappe encore aujourd'hui, depuis des temps immémoriaux au patrimoine de la psyché collective. Et si la manièrem'échappe la raison est simple: nul homme ne peut prétendre vivre une vie sans ressentir le besoin de se porter au-delà de sa condition humaine.

Parce que c'est le propre de la nature de la dernière race des hominidés(qui ne descendent pas du singe). L'homme

Sapiens-sapiens, l'homme qui pense.

Et oui l'humanité telle que nous la connaissons aujourd'hui est née il y a plus ou moins cinq mille ans avec l'écriture. A partir du moment où elle a pu codifier son histoire.

Pour ma part aliéner Dieu c'est condamner l'homme à sa propre aliénation.

Table des matières.

Première partie.

2. Remerciements

3. Préface.

6. La divine constante: avant propos.

7. Introduction.

11.Knockingowneven'sdoor.

13. Chronique de la fin d'une hécatombe annoncée.

14. Du ministère de apostolat.

16. Du ministère de l'évangélisation.

18. Du ministèredu pastorat.

19. Du ministère de la prophétie.

25. Du ministère de l'enseignement.

28. En guise de conclusion.

Deuxième partie.

29. Le difficile rapport à l'argent

31. De la prospérité.

37. Deux voix, un chemin.

40. L'eau, l'éternelle présence.

44. En guise de conclusion.

Troisième partie.

45. Les citoyens de la septième dimension :avant propos

47.Dieu parle-t-il encore aux hommes?

51. Le portrait de Christ.

55. Le portrait de Mohamet.

58. Le portrait de Krishna.

61. Le portrait de Bouddha.

63. En guise de conclusion.

Bibliographie.

Première partie.

La bible, Louis Segond21

Société biblique de Genève.

Encyclopédie de la mythologie, Arthur Cotterell.

Celiv.

La psychologie de l'inconscient, C G Jung

Georg.

Deuxième partie.

1. La revue de presse en ligne, la revue protestante.
2. Le capital.
3. Au bonheur des dames, Émile Zola. Qui mieux que Zola à pu faire un portrait sans concession de cette société sans merci
4. L'écume des jours, Boris Vian, comme source d'inspiration pour donner son caractère «littéraire» à mon propos.
   Gilbert Pestureau
5. La bible, Louis Segond 21, acte, 4
   La société biblique de Genève
6. La bible, Louis Segond 21, acte, 1
   La société biblique de Genève

Troisième partie.

1. La dialectique du moi et de l'inconscient, C G Jung Gallimard.
2. Théorie développée par les frères Bogdanovsur le plateau de l'antenne 0 et chez Zemour et Nolaud.
3. Enseignement de Donato Ansalonesur l'herméneutique ou l'art d'interpréter la bible diffusé sur Emcitv.
4. Conversation avec Dieu, Niel Donald Walsh, j'ai lu.
5. Le coran, traduction de Jean Grojean, Philippe Lebaud.
6. Wikipedia, hindouisme, bouddhisme, Krishna.

Printed by Books on Demand GmbH, Norderstedt / Germany